マイナンバーの
呪い

榎並利博

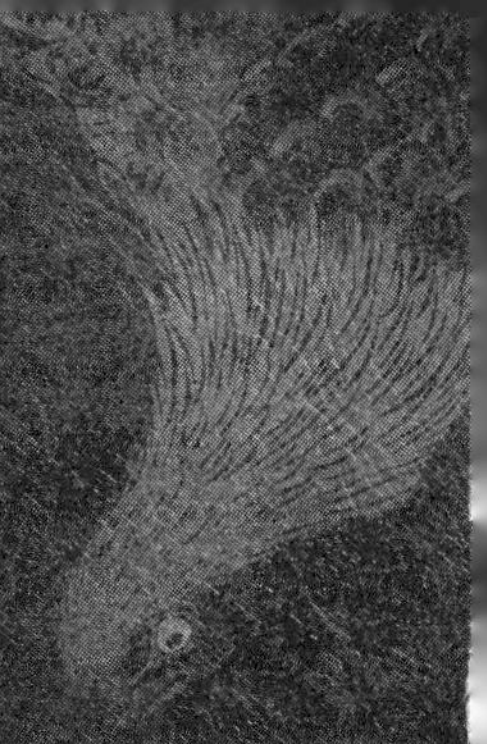

青山ライフ出版

＊本書は２０２２年10月～２０２３年7月にJBpressに掲載された記事をまとめたものです。

序

デジタルの世界に「呪い」とは、アナクロニズムも甚だしい。しかし、非合理的・非論理的な雰囲気が我が国のデジタルを覆いつくす現状を言い表すのに、これほど相応しい言葉もない。

呪いがかけられると、呪縛から逃れようと王道から外れ、矛盾を隠ぺいする複雑怪奇な歯車を次々と繰り出すことで、正論を圧殺していく。我が国のデジタルは、邪神によって導かれる、大檣が折れて羅針盤を失った帆船のようだ。

過去半世紀にわたり、行政のデジタル化は進められてきた。事務を正確かつ迅速に処理するには、個人を特定する番号を使わざるを得ない。しかし、異なる機関間で情報をやり取りする番号が無かった。そこで作られたのが住民票コード（住基ネット）だ。

だが、マスコミを中心に世間は住基ネット反対の大合唱。番号を秘密にしないと不幸になるという呪いがかけられ、住基ネットは無実の罪で惨殺された。それから10年、番号制度の復活をかけ、住基ネットの骸を土台にマイナンバーが蘇った。

これで呪いは解けるはずだった。しかし、不幸なことに呪縛された者たちによって、呪いはかえって強化された。明るい理性の光を放つ合理的で論理的なデジタルの神は我々を見捨てたのだろうか。

我が国を支配しているのは、合理的・論理的な態度とはおよそかけ離れた雰囲気や空気、呪いとでもいうべきものだ。政治家は国民の票を得るため、世間を覆う呪いや空気を読むことに全身全霊をかける。正確かつ迅速な事務などに関心は無い。

「マイナンバーを見られたら不幸になる」、この迷信がいつ登場したのかは不明だ。しかし、迷信の闇の中に小さな矛盾が覆い隠され、誰もが口をつぐみ、目をふさぎ、矛盾の堆積は崩壊寸前の大きな破局へと向かっている。

「呪い」の呪縛から解き放たれるためには、合理的・論理的な態度で物事に対峙することだ。こんなことは皆わかっている、それでもできないのが現実の悲しさだ。被支配者根性が染みついた民には、明るく理性の光に包まれた神は眩しすぎるのだろう。

これからも永遠に続く、暗い闇に閉ざされた魑魅魍魎の巣窟、迷信の神が支配する呪われたデジタルの世界にようこそ。

マイナンバーの呪い ◆ 目次

番外編

第1章

「マイナンバーの呪い」とは何か

その正体は「番号は秘密だ」という思い込み

「マイナンバーの呪い」に怯える政府

「マイナンバーとマイナンバーカードは違います！」このように政府が躍起になって説明していることが、我が国のデジタル化の遅れを象徴している。デジタル庁が創設されて1年、デジタル庁は我が国のデジタル化の司令塔としての役割を果たし、諸外国並みのデジタル政府およびデジタル社会を実現することが期待されている。

この1年間の成果として、ホームページのデザインを一新、重点計画の策定や新型コロナワクチン接種証明書アプリの提供などが報告された。しかし、重点計画には素晴らしい文言が並んでいるものの、コードの統一化・データの標準化というシステム設計上の大原則については何も触れていない。これらは国全体の最適化を図り、効率的な仕組みを構築するため必要不可欠なものだ。

特に、個人を特定するためのマイナンバー活用はあらゆる行政サービスの基盤となる。政府もそれを理解していながら触れず、マイナンバーではなくマイナンバーカードを使いましょうと言っている。なぜマイナンバーという番号を使おうとしないのか、それは「マイナンバーの呪い」がかかっているからだ。

我が国と諸外国でデジタル化の進捗が異なっているのは、技術力の差が大きいからではない。この呪いがかかっているか否かの違いなのだ。この呪いを解き、「マイナンバーカードでマイナンバーを使いましょう！」という空気が醸成されない限り、韓国、エストニア、デンマークなどの先進事例をいくら参考にしても、我が国はデジタル先進国に絶対に追いつくことができない。

マイナンバーの呪いとは

マイナンバーの呪いとは「番号は秘密だ」というものだ。この呪いは住基ネット（住民基本台帳ネットワークシステム）の時にかけられた。諸外国では「番号は秘密だ」とは誰も思っていない。もちろんパスワードや秘密鍵などは誰にも見せず、自分だけで秘密に管理しなければならないことは理解している。しかし、「マイナンバー」という個人を特定するＩＤが秘密だとは思っていないのだ。

自分の名前や住所が秘密だとは誰も思っていないだろう。しかし、名前や住所を勝手に使われたり、ネットで晒されるのは困る。そこで、このような人権侵害については個人情報保護法で国民を守っている。マイナンバーも同じようなものなのだが、マイナンバーについては個人情報保護法ではなく、その特別法であるマイナンバー法でその利用範囲が厳格に決められ、罰則も定められている。

つまり、通常の個人情報とは異なる特別な個人情報として扱い、その取扱いも厳格に定められている。使わないことで罰則は課せられないが、下手に使うと罰則を食らう。マイナンバーは「触らぬ神に祟りなし」、つまり使わない方が無難なのだ。

マイナンバー法ではその除外規定として、「生命、身体、財産の保護」のためにはマイナンバーを使って構わないと規定されている。しかし、いざ使ったらどのような目に遭わせられるかわからない。他人の生命よりも、自分の身の安全のほうが大事だ。だから大災害が起ころうが、マイナンバーが使われたためしがない。

住基ネット以前に番号制度があった?

なぜこのようなことになってしまったのか、我が国における番号制度である住基ネットからマイナンバーへと経緯をたどって解説するが、その遠因は住基ネット以前の番号制度の失敗に端を発している。

かつてマル優という非課税貯蓄の仮名口座を防止するため、グリーン・カード制度（少額貯蓄等利用者カード）の導入が「昭和55年度の税制改正に関する答申」で提案された。これは実質的な番号制度であるが、納税者番号に対する社会的反発が非常に強かったことから「番号」ではなく「カード」という言葉が使われた。

この法律は成立したものの反対派の運動によって実施は延期され、最終的に廃止された。法律が成立したものの実施できずに廃止、この大失態を晒した政治家や官僚はまさに人生最大の汚点と感じたことだろう。彼らは「番号は国民から嫌悪されている」と確信し、「二度と番号制度には手を出さない」と心に固く誓ったことは推測に難くない。

その後住基ネットという番号制度が実現するが、このような経緯から政府が積極的に住基ネットを主導したというよりも、自治体からの要請で「やむなく構築しました」という体裁だった。住基ネットは国のものではありません、あくまでも自治体のものであり、自治体が共同で運用していますという制度設計になった。

コンピュータが行政事務に使われ始めた１９６０年代、早い国ではこの時期から番号制度が導入された。しかし、我が国ではグリーン・カードの失敗でさらに遅れ、住基ネットによる住民票コードが実現したのは２０００年に入ってからである。しかも住基ネットは自治体のものという法的な建付けのため、危険だから接続しないという自治体も現れ、混乱を極めてしまった。

使い物にならなかった住基ネットと住民票コード

自治体においては住民に関する情報を住民登録番号で管理していたが、この番号は自治体ごとに付番したものだった。そのため、自治体への転入者が過去の転出者や住登外者と同一人物であることを確認するには非常に手間がかかり、事務を効率化するためには全国共通の番号が必要だった。

そのために構築されたのが住基ネットであり、そこで付番された全国共通の番号が住民票コードである。この時、グリーン・カード制度の失敗を経験した政府は、慎重にも慎重を重ねて反対派の感情を逆なでしないよう設計を進めていく。この設計が後々マイナンバー制度まで引きずられ、災厄を招くことになる。

例えば、住民票コードは何度でも変更可能とし、変更申請時の理由は不要である。つまり理由もなく一人で何回も変更が可能となる。このようなことを許せば無駄な負荷をシステムにかけるばかりかデータの正確性も保証できなくなる。

また、諸外国の番号制度では生年月日や出身地コードが入っていることが多いが、反対派はそのような数字があると年齢や出身地が判明し、プライバシー侵害になると主張した。その結果、住民票コードは意味をまったく持たないアットランダムな番号となった。家族でも番号は全員がバラバラであり、当然ながら自分で覚えることもできない。

さらに、住民票コードの民間利用を一切禁止した。民間企業は住民票コードを悪用するものと考えていたのだろうか。サラリーマンであれば所得税・住民税の納付や社会保険料の支払いなど、すべて民間企業を通して行っている。つまり、住民票コードは税や社会保障では使えない番号となった。

住基ネットを引きずるマイナンバーカード

行政の根幹である税の徴収と社会保障の給付という場面で住民票コードが使えないと、行政事務ではほとんど使い道がない。せいぜいパスポート申請で使えるくらいだ。年金では住民票コードを使えたのだが、当時の社会保険庁は国民の納付記録を管理するために使おうとはしなかった。結果として住民票コードはまったく使われず、失われた年金の納付記録問題を引き起こしてしまった。これが契機となり、再度番号制度が要請されて実現したのがマイナンバーである。

住基ネットが失敗だったとはいえ、住基カードは我が国で初めて公的な身分証明書として交付された。しかも、電子的に本人であることを確認できる電子証明書を搭載し、公的個人認証の仕組みを実現したことは世界的に見ても画期的なことだったと評価できる。

しかし、ここでも「番号は秘密だ」という呪いによって住基カードには番号が記載されず、署名用電子証明書にも番号が記載されなかった。この呪いはマイナンバーカードになっても引きずられ、10万円の特別定額給付金でも申請者と住民のマッチングができないために大きな混乱をきたした。マイナンバーが使えなかっただけでなく、自分のマイナンバーを電子的に証明できる手段がなかったからだ。

至るところでデジタル政府の実現を阻む「マイナンバーの呪い」。なぜマイナンバーの呪いがかけられるようになったのか、そしてこの呪いはどのような不都合を生じさせているのか、さらにこの呪いを解くためには現行の制度をどのように再構築しなければならないのか、これらについてより深く考えていきたい。

第2章

国民感情への過度な恐怖が、マイナンバーの呪いをかけた

国民の非科学的感情が作り出す「空気」とそれを恐れる政治

マイナンバーの呪いはなぜかけられた

マイナンバーの呪いのせいで、我が国はデジタル先進国へと脱皮できない。どのような経緯で「番号は秘密だ」という呪いがかけられたのだろうか。約40年前のグリーン・カード制度は「番号」を「カード」と言い換えたにもかかわらず大失敗し、政府のなかで「国民は番号を嫌悪している」、「番号は政治にとって命取りだ」という空気が醸成されたのは間違いない。

初めての番号制度である住基ネットは、その空気を反映して設計された。住基カードは自分の番号を証明するカードであるにも関わらず、番号（住民票コード）はどこにも記載されなかった。ICチップ内に格納されているだけで、自分の番号を確認できない仕組みだ。そして署名用電子証明書にも番号は記載されていない。つまり、自分の番号を電子的に証明する手段がない。住基カードは「番号は秘密で危険だから使ってはいけない」と国民に刷り込んでしまった。

当時は住基ネットに対する反対運動が激しく、出版物も拙著を除いてすべてが住基ネット反対、世論も番号制度反対の一色だった。その空気を察した政府は番号を隠すだけでなく、「住基ネットは国のものではなく自治体のものです」という法的位置づけにした。裁量のある自治事務だからと一部の自治体は住基ネットを離脱し、それがまた番号は危険だという空気を助長し、呪いはさらに深く浸透していった。

残念ながら政府には、「番号制度（住基ネット）はデジタル社会の重要な基盤であり、自治体は法定受託事務（国の事務）として速やかに実施せよ」と毅然と説明する気概がなかった。それどころか住民票コードは「危険だから使ってはいけない番号」の様相を呈し、法律上年金管理で使えたものの、当時の社会保険庁では使おうとしなかった。それで起きたのが失われた年金の納付記録問題だ。基礎年金番号という台帳に基づかないいい加減な番号を使っていたからだ。

呪いを解く絶好の機会だったマイナンバー

番号は危険だから秘密にしなければならないのだろうか。もちろん他人の番号を勝手に使う「なりすまし」が起きることは問題だ。勝手に他人になりすまして番号を悪用すれば、その人の権利を侵害する。マイナンバー設計の際には、米国や韓国で起きている番号のなりすまし事件が問題視された。

米国の社会保障カードには顔写真が添付されておらず、社会保障番号が本当にその本人のものか確認できない。韓国でも自分の番号を口頭で伝えて使っており、顔写真の付いた住民登録カードを確認していない。韓国のドラマを見ていたら、若い女性が自分の戸籍に出産記録が残らないよう、病院で友人の住民登録番号を告げて出産するという場面があった。

米国や韓国では番号を使うことに慣れきっており、それが杜撰な使い方を助長していた。そのような事例から「番号を見られたら悪用される、番号は秘密にしなければならない」という誤解が生じた。しかし、本質的な問題は番号を見られたから、知られたから危険が生じたのではなく、その番号が「本人のものであることを確認せずに使う」ことが問題だった。

そこでマイナンバー制度では、マイナンバーを使う場合に厳格な「本人確認」が義務付けられた。「本人確認」とは、マイナンバーカードが本人のものであることを顔写真で確認（身元確認）し、マイナンバーカードの裏面に記載されている番号を確認（番号確認）する2つのプロセスから成り立つ。これでなりすましの危険は回避でき、番号を秘密にする必要もなくなった。

亡霊のごとく復活する呪い

マイナンバーカードには番号が記載されている。そして、マイナンバー制度では自分の番号を提示して使うことが決められている。晴れて番号を明示的に使うことができ、民間企業も含め税や社会保障などの業務で使える番号となった。これで「番号は秘密」という呪いは解けるはずだった。

しかし、呪いは亡霊のように復活する。制度開始当初、マイナンバーの通知カードを誤送付したという理由で、マイナンバーを変更する措置が取られた。「不正に用いられるおそれがあると認められるとき」という法的条件を検討することもなく、安易に変更されてしまった。さらに、マイナンバーカードの交付時に、番号をマスキングする透明の収納ケースが配布された。このような対応が「マイナンバーは見られるだけで危険だ」という意識をまたもや国民に刷り込んでしまった。

さらに、マイナンバー制度になっても署名用電子証明書にはマイナンバーが記載されなかった。住民票コードは秘密であったため、署名用電子証明書には記載されず、住民票コードと電子証明書をリンクさせないという方針まで出された。そのため住所変更などで電子証明書を失効させる場合、基本4情報（氏名、住所、性別、生年月日）でマッチングするという筋の悪い設計になった。マイナンバーは住民票コード時代の設計をそのまま引き継いでしまったのだ。

署名用電子証明書について補足すると、これはデジタル空間における実印と同じような位置付けだ。それゆえ、アナログ時代の実印と印鑑登録証明書のイメージのまま設計したのではないかという疑いがある。印鑑登録証明書は、いつの時点でどこに住んでいる誰かは特定できるが、住所・氏名が変更になったら別途戸籍附票などで追いかける必要がある。一方、番号が記載されていれば住所・氏名が変更になろうが即時に判明する。このようなデジタルのメリットがまったく反映されていない設計なのだ。

このようにマイナンバーだけでなく、マイナンバーカードも住基ネット以来の呪いを引き継いでしまった。デジタル空間において、自分のマイナンバーを電子的に証明できない。これは番号を利活用する社会において致命的な欠陥と言わざるを得ない。

政治家・政府が恐れる大衆の「空気」

「マイナンバーとマイナンバーカードは違います」と政府が躍起になって説明している。それはその通りなのだが、いつまで「番号は秘密ではない」という事実と正面から向き合わず、マイナンバーの呪いを引きずるつもりなのだろうか。

番号の危険性を訴えるレトリックとして、「マイナンバーで芋づる式に個人情報が抜き取られる」という言説も良く使われた。マイナンバーがわかってしまうと、マイナンバーに紐づいた個人情報が芋づる式に抜き取られるというものだ。しかし、これは技術的に不可能だ。マイナンバーの付いた個人情報は機関ごとに分散管理され、その情報にアクセスするには各機関の認証システムをクリアしなければならない。

情報提供ネットワークを利用する場合でも、事務によって照会できる範囲は限定されており、あらゆる情報を取得することはできない。このような説明を国民になぜしないのだろうか。説明しても所詮国民は理解できないと思っているのだろうか。

一時期、政府は「マイナンバーは銀行の口座番号と同じようなものです」と説明していた。振り込んでもらう場合、相手に口座番号を告げますが、相手は口座番号を知ったところで振り込みはできるものの、引き出すことはできません。マイナンバーも同じようなもので、知られたところで危険はありませんという説明だ。しかし、最近では一向に聞かない。逆に「マイナンバーとマイナンバーカードは違います！」と力説し、あたかもマイナンバーカードはマイナンバーという番号を使わないから安全ですと言わんばかりだ。

毅然として、デジタル社会の基盤となるマイナンバーをもっと大っぴらに使うべきだという政治家はでてこないものだろうか。財政危機に瀕すれば、たとえ評判の悪い増税についても、政治生命をかけて増税法案を通そうとする政治家は出てくる。しかし、デジタルの分野になると、政治家としての矜持を持って、たとえ評判の悪い番号でも、政治生命をかけて番号活用法案を通そうとする政治家は出てこない。

マイナンバー制度制定の際、ある政治家から呼ばれてその必要性について何回かレクチャーしたことがある。番号制度を推進して大丈夫なのか、自分の政治生命に関わるのではないかと大層危惧していた。それほど政治家は大衆の「空気」に恐怖を感じており、それは官僚たちも同様だった。大衆の「空気」、国民に対する過度な忖度や国民感情への恐れが呪いとなって、いまだに日本のデジタル社会を暗い闇で包んでいる。

第3章

マイナンバーの呪いが招く、さまざまな災い

特別定額給付金だけじゃない、将来起きる恐ろしいこと

呪われた10万円特別定額給付金

マイナンバーの呪いは日本のデジタル社会を暗闇の中に閉じ込め、我々は一条の光明さえ見いだせない状況だ。いやそれは言い過ぎだ、「番号は秘密だ」という呪いなんて関係無い、デジタルが云々細かいことをグダグダ言うなという方もいるだろう。しかし、呪いが招く災いによって、日本が後進国に陥落していくかもしれない。それを回避したいなら、呪いを解いてデジタルが機能する仕組みに変えていくべきだ。

直近で起きた大きな問題と言えば、10万円の特別定額給付金のトラブルだろう。パスワードがわからなくてカードがロックされ窓口に住民が殺到した、給付用口座の確認作業に手間取ったなどの様々な問題が起きたが、ここでは番号に問題を絞って考えてみたい。

住民からの申請をオンラインで受け付ける場合、まずその申請者を住民基本台帳に登録された住民と一致させ、住民であることを確認し特定しなければならない。紙の場合には氏名や住所を目視で一致させるが、デジタルの場合はデータをマッチングして一致させる。しかし、番号がないと絶対に一致しない。同姓同名や表記方法の違いもあるが、使用している文字が異なるからだ。

つまり、（文字の問題は別稿で論じることとして）申請者と住民登録者をデータ・マッチングするには、文字ではなく何らかの番号が必須となる。問題なく特別定額給付金のオンライン申請を処理した自治体では、あらかじめＩＤを郵送してオンライン申請時にこのＩＤを入力させたり、電子証明書のシリアル番号を使ったりしてデータ・マッチングさせた。デジタル社会でなぜ番号が必要とされるのか、これで理解できるだろう。番号が無いと本人を特定できないからだ。

変わる番号はＩＤとして使えない

しかし、これらの方法には問題がある。郵送したＩＤは一時的に作成した番号だ。オンライン申請のたびにＩＤを生成して郵送する、これが目指すデジタル社会だろうか。電子証明書のシリアル番号とは証明書の発行番号であり、証明書である以上有効期限がある。つまり発行から5年で失効し、証明書の内容が変更になった場合にはその時点で失効する。このように一時的な番号や有効期限のある番号を使って本人を特定するのは手間がかかり、ミスも誘発する。

例えば、最近の事例ではマイナポイントが二重に付与されるという問題が生じた。その原因は、電子証明書を職権で失効させ、新たに登録し直したことにあるらしい。電子証明書を失効させ、新たに登録し直せば、当然シリアル番号は変わってしまう。同一人物が二人分のポイントをもらえることになる。

このように、電子証明書は有効期限があり、証明内容に変更があれば失効される性格を持っている。そのような発行番号（シリアル番号）を本人特定のＩＤとして使うこと自体が間違いだ。本人を特定するＩＤはマイナンバーしかない。それにも関わらず、マイナンバーを使おうとはしない。マイナンバーの呪い以外にどのような理由があるのだろうか。

本人を特定するためには生涯変わらぬ番号を使うことが一番効率的で正確だ。だからマイナンバーを実現する必要があった。しかし、マイナンバーの呪いにより、特別定額給付金のオンライン申請でもマイナンバーは使われなかった。署名用電子証明書にマイナンバーが記載されておらず、電子的に自分のマイナンバーを証明できないことも災いに輪をかけた。

紙でマイナンバーを郵送するデジタル社会

マイナンバー制度が開始され、マイナンバーを提供する事務手続きが始まった。給与や厚生年金などの手続きで勤務先への提出をはじめ、報酬・料金・契約金を支払ってくれる企業や金融機関への提出など、税や社会保障の広い分野で番号の提供が行われている。

しかし、自分が提出したマイナンバーが正しいことを証明するため、マイナンバーカードのコピーを添付し、簡易書留で郵送しなければならない。デジタル社会なのに、いまだに郵送で紙のやり取りが行われている。自分のマイナンバーを電子的に証明する手段がないからだ。果たしてこれは、私たちが理想として思い描いていたデジタル社会だろうか。

自分のマイナンバーを電子的に証明するには、署名用電子証明書にマイナンバーが記載されていればよい。そうすれば、相手先にインターネットで電子署名を送るだけで済む。受け取った企業は、署名検証する事業者経由で電子証明書が正しいことを確認するだけだ。郵送で紙のやり取りをする必要は全くない。

署名用電子証明書にマイナンバーが含まれていないのは、「番号が秘密」とされた住基ネット時代の設計をそのまま引きずってしまったからだ。いまだに改善されないのは、やはり呪いがかかっているからとしか考えられない。自分のマイナンバーを電子的に証明する手段が無い社会、これをデジタル社会と呼べるのだろうか。

呪いが招いた情報連携の危険性

マイナンバー制度では情報提供ネットワークシステムが構築され、他の行政機関が保有する個人情報を照会できる仕組みだ。この情報連携の仕組みによって、最近の行政手続きでは添付書類が省略されている。筆者が行った年金請求手続きでも、マイナンバーを記載することでかなりの添付書類が省略できた。

このネットワークシステムはマイナンバーを使って情報を連携しているように見えるが、実は行政機関ごとに振り出された機関別符号を使って連携し、マイナンバーそのものは使っていない。ネットワーク上にマイナンバーを流してはいけないという理由で、これもマイナンバーの呪いが起源だ。

しかし、ネットワークにおける通信は暗号化されており、たとえ情報が漏れたとしても通信内容を解読することはできない。つまり、ネットワーク上を流れるマイナンバーが漏れても、暗号化されているためわからない。さらに、もし仮にマイナンバーがわかったとしても悪用する方法はない。それにも関わらず、なぜわざわざ機関別符号を生成し、マイナンバーを使わないから安全だと説明するのか。マイナンバーの呪い以外に理由があるだろうか。

以上の理由から、情報提供ネットワークシステムにおける情報漏えいの危険はない。しかし、情報提供ネットワークシステムは運用を複雑化させているだけでなく、間違った情報連携の危険性を孕んでいる。「人間の運用ミスを想定していない」という意味で危険な設計なのだ。

情報提供ネットワークシステムでは、基本4情報（氏名、住所、性別、生年月日）をネットワークに流さないという設計になっている。つまり、他の行政機関が保有するある人物の個人情報を照会すると、氏名や生年月日など個人を特定する情報は送られず、地方税・年金・健康保険証情報など中身だけが直接送られてくる。

このような原則がいつ決定されたのかは不明だが、システム設計の経験者であれば不安を隠せないだろう。行政機関が保有する個人情報に誤って他人のマイナンバーを設定してしまった場合、他人の情報が連携されても気付かないからだ。実際に、夫婦のマイナンバーを取り違えたという事例があった。

基本4情報を含めて個人情報を転送する設計にしていれば、マイナンバーを取り違えた場合他人の情報だと気づくはずだ。人間はシステムを運用するうえでミスをすることを前提とした設計になっていない。もしこれが医療の記録だった場合、人間の生命にも関わる問題になる。

医療記録管理における恐怖

健康保険証がマイナンバーカードに切り替わり、紙の保険証が2024年秋に原則廃止という報道で世間がざわついている。現行の顔写真無し保険証から、顔写真付きのマイナンバーカードに切り替えることは必要だ。現行の保険証は顔写真が無いため、年恰好の似た他人が使い回してもわからない。保険制度へのタダ乗りは怪しからんという問題だけでなく、複数人のデータが一人分のデータとして蓄積され、医療データへの信頼性が低下することが問題だ。

保険証をマイナンバーカードにすることは賛成だが、本人を特定するのにマイナンバーを使わず、マイナンバーカードの電子証明書を使うという方法は危険だ。マイナポイントの二重付与の問題は前述したとおりだが、筆者自身も同様な問題に遭遇した。

住んでいる自治体では図書館でマイナンバーカードを使うことができ、図書の貸出管理はマイナンバーではなく、電子証明書のシリアル番号で行っている。電子証明書の有効期限が来て、マイナンバーカード（電子証明書）の更新後に問題が起きた。証明書の更新時に旧シリアル番号が新シリアル番号に引継がれていなかったのだ。

しかし、図書館の職員は「再度図書館カードとマイナンバーカードと紐づけする必要がある」というので耳を疑った。マイナンバーカードを使うことで図書館カードは不要になるという話はどうなったのか。図書館職員とのやり取りでは埒が明かず、市長への手紙で真相を正したらあっさりと市側のミスを認めた。

変わる番号をＩＤとして使うとこのようなことが起きることは十分予見できる。本が借りられない、マイナポイントを二重給付したくらいで大騒ぎする必要もないが、これが医療の記録だったらどうだろうか。診療記録などは個人単位の被保険者番号で記録されており、その番号が電子証明書のシリアル番号に紐づけられている。当然ながら、被保険者番号は引っ越しや転職で保険者が変わるたびにコロコロ変わる番号だ。そして電子証明書のシリアル番号は有効期限による更新や失効・登録によって番号が変わる。これらの変わる番号がきちんと引継がれて管理されていると誰が保証するのだろうか。

運用ミスによって、自分の診療記録が紐づけられていなかった、あるいは他人の診療記録が紐づけられてしまった、という事態を想定することは恐ろしい。医師もこのような情報を使って医療行為を行うことは怖いはずだ。扱うのは本やポイントではなく人の命だ。慎重にも慎重を重ね、システム運用において人間はミスをするという前提で設計するのは大原則だ。

このような災いを招くマイナンバーの呪いをどのように解くのか。そろそろその方法を考えていこう。

第4章

甦れ、マイナンバー！　呪いを解く呪文とは

呪文を唱えるために、マイナンバー制度のリストラクチャリング（再構築）を

呪いを解き、マイナンバー制度の抜本的改革へ

「番号は秘密だ」というマイナンバーの呪いを解くためにはどうすれば良いのか。答えは簡単だ。「番号は秘密じゃない」という呪文を唱え、マイナンバーを甦らせれば良い。このような言い方をするとふざけているのかとお叱りを受けるかもしれない。しかし、呪いとでも言うべき非論理・非合理に支配された空気を一変させるような科学的方法があろうか。呪文以外には考えられないのだ。そこで私たちができることは、誰もが呪文を唱えるような環境を構築することに尽きる。

なぜ秘密では不都合なのかと問う方に対しては、マイナンバーのきっかけとなった失われた年金納付記録問題を思い出してほしい。住所や氏名が変わっても、納付記録に自分のマイナンバーが記載されていれば自分の記録だと主張できる。マイナンバーカードは、このマイナンバーは自分のものだと主張するための証明書だ。

年金の納付記録問題が発覚したのは10年以上も前であり、マイナンバー制度も開始から5年を経過した。マイナンバー制度を抜本的に見直す議論をしても良い頃だ。政府としては、国民から評判の悪い番号制度を何とか推進するため政治的な妥協を重ねてきたのに「今

さらちゃぶ台返しする気か」と怒髪衝天になるかもしれない。しかし、デジタル庁が設置され、重点計画でもマイナンバー法改正に言及しており、この議論は無駄にはならない。

筆者としても、番号制度を推進するためこれまで政治的な妥協に甘んじてきた。しかし、あちこちで綻びが見え始めており、妥協によって歪められた設計が災いを招くことを無視できない。抜本的見直しを次に提言するが、すぐに実施できるものばかりではない。しかし、目指すべき方向性を見誤らないよう、理想的な姿を示すことは必要だと考えている。

〔その1〕
誤魔化しは止め、マイナンバーを正々堂々と使おう

マイナンバーを使いやすくするため、マイナンバーは生年月日等を含み、自分で覚えられる馴染みやすい番号にする。これは本人確認が不要という意味ではない。被災してカードを紛失した、あるいは急病の際にカードを携帯していなかったという緊急時においてもマイナンバーを使えるようにするためだ。覚えられない番号では、せっかくのマイナンバーという愛称も無駄になってしまう。

そして、マイナンバーを氏名や住所等と同じく「通常の個人情報」として扱う。個人を特定した行政サービスには、兎にも角にも番号が必須となる。「番号は秘密だ」という呪いに縛られてマイナンバーを使わず、マイナンバーカードに格納されている電子証明書のシリアル番号やマイキーIDなどを使うという方便はもうやめようではないか。別の番号を使うことは様々な災いを招く、これはすでに指摘した通りだ。もう誤魔化しは止め、マイナンバーそのものを正々堂々と使おう。

さらに、情報統合の懸念に対してはマイナンバー利用をブラックリスト方式にする。つまり、どのような情報に使ってはいけないのか、その条件について具体的に明示する。一般的には要配慮個人情報が該当すると思われるが、病歴などは本人の利益、犯罪歴などは社会的利益を考慮する必要がある。本人の尊厳や利益を損なうような使い方、社会的利益を損なうような使い方は厳禁とする。

マイナンバーが容易に（通常の個人情報として）扱うことができれば、マイナンバー付の支払調書や生命保険料控除証明書・住宅ローン控除残高証明書・医療費などのデータが直接国税庁に送信でき、確定申告に必要なデータをあらかじめ国税庁が格納しておく記入済申告書制度が実現できる。この制度はＯＥＣＤの半数が実施済だ。

現在の仕組みでは、国民はこれらの控除データを民間企業・事業者から、あるいはマイナポータル経由で行政機関から入手し、e-Taxのシステムへ入力あるいは入力データとして取り込み、確定申告をしなければならない。このような面倒は今後なくなる。

〔その2〕無駄を排し、ミスやトラブルを極小化するシンプルな設計に

なぜシンプルな設計が必要なのか。国民に対してわかりやすくするだけでなく、コストや運用ミス・トラブルを最小限に抑え、将来への拡張性を保証するためだ。複雑にしてもシステムは正確に動くと主張する方がいるかもしれない。しかし、複雑にするとそれだけプログラムのコードが増える、機能を実現するコードだけでなく、エラー処理のコードも含めればその何倍にもなる。コスト増やミスおよびトラブルの温床となるのだ。

まず住民票コードや符号を廃止し、マイナンバーに一本化することだ。住民票コードからわざわざマイナンバーを生成するような無駄なことは止めたい。そもそもの話だが、無駄な番号の二重管理を要求したのは国民だ。設計時、使うべき番号として住民票コード、

基礎年金番号、新しい番号の三択が示され、パブリックコメントが求められた。その結果、住民票コードは「イメージが悪い」という感情的な理由で却下され、新しい番号（マイナンバー）になったという経緯がある。

そして、情報提供ネットワークシステムにおける無駄な符号生成（住民票コードから連携用符号を生成、連携用符号から機関別符号・開示システム用符号・情報提供等記録用符号を生成）を止め、すべてマイナンバーで連携したい。

情報提供ネットワークシステムは、マイナンバーで情報連携し、連携する情報は情報保有機関で把握している氏名・生年月日とともに情報提供する。もし万が一誤ったマイナンバーが付番されていた場合、氏名・生年月日を送信することで誤りが発覚するような仕組みだ。

〔その3〕 マイナンバーカードは当分の間必須、カードも抜本改革を

マイナンバーカードについても現状を大きく見直したい。まず、カードの記載項目から

住所情報を削除する。頻繁に変わる住所情報などを証明する必要があるだろうか。住所が必要であれば、自己申告で十分だ。住所が間違っている等業務上必要であれば、住所情報はマイナンバーを使って（住基ネットで）検索すればよい。最新の住所情報が取得できる。

また、電子証明書のシリアル番号をＩＤとして使わないという原則を徹底し、個人を特定するＩＤはマイナンバーに一本化する。そして署名用電子証明書にマイナンバーを記載し、住所情報を削除する。自分のマイナンバーを電子的に提供かつ証明でき、マイナンバー提供のたびにわざわざコピーを郵送する手間は無くなる。

さらに、マイナンバーの入力はカード裏面のＱＲコードを読み取ればよい。現在のように、電子証明書を使うためにＩＣカードリーダを設置する必要もないのだ。

すでにスマートフォンの時代であり、カードではなくスマートフォンをマイナンバーカードの代わりに使えば良いという意見もある。しかし、マイナンバーカードには、住基カード以来ガチガチのセキュリティ技術が組み込まれている。これだけのセキュリティ技術をすぐスマートフォンに組み込むことは不可能だ。スマートフォンの使い方としては電子証明書を格納して使うほかなく、マイナンバーカードは当分の間必要となる。

重要な社会基盤データにマイナンバーを

重要な社会基盤となるデータにおいて、氏名・住所など個人情報が多く記載されている。それら個人を特定するためにはマイナンバーの付番が必要だ。しかし、日本ではまだ社会基盤となるデータにマイナンバーが付番されていない。

例えば、戸籍ではマイナンバーを使わず、また別の番号を作るらしい。また、不動産登記においてもマイナンバーを使う計画は無く、所有者不明土地問題の解決には程遠い。預貯金口座も義務付けはされておらず、休眠口座やマネーロンダリングの問題は棚上げのまだ。医療記録についてはすでに述べたので省略するが、教育・資格・技術などの管理、諸外国との番号のグローバル連携（税、社会保障、医療、教育など）についても考えていかなくてはならない。

あらゆる情報にマイナンバーを付けるとは何事か、政府は信用できない、政府がマイナンバーを恣意的に使い始めたら恐ろしいと懸念を持つ人たちがいる。最高裁で住基ネット合憲判決が確定したものの、権力は常に暴走する危険性があり、筆者もこのような懸念を持つことは健全だと考えている。しかし、だから「国は番号を使うな」と反対するのは時代錯誤だ。紙と毛筆の時代に戻るなら話は別だが、マイナンバーを使わずして今日の行政の事務は成り立たない。

したがって、我々がすべきことは「マイナンバーを使わない」ことではなく、デジタル技術を使ってより理想的な権力の統制方法を考えることだ。何も考えず「政府は信用できない」と叫んでいる人は、社会に対して自分の不満をぶつけているだけに過ぎない。これらについては番号の問題だけに留まらず、憲法や人権というより広い視点から考えていく必要がある。

第5章

マイナンバーについて考えることは、この国について考えることだ

人権のはざまで揺れ動くマイナンバー、デジタル時代の国民の責任とは

私たちは何を天秤にかけているのか

マイナンバーが知られたところで悪用できない。これについては理解できても、国家権力がマイナンバーを恣意的に使い始めたら怖いという懸念が国民のなかに潜んでいる。これがマイナンバーの呪いの根源かもしれない。しかし、このような懸念を持つことは極めて健全だろう。権力は常に腐敗する危険性を持っているからだ。

そうは言いながら、紙と毛筆の時代に戻るなら話は別だが、マイナンバーを使わずして今日の行政事務は成り立たない。長年にわたる年金の納付記録を正しく記録するためにもマイナンバーは必須だ。だから我々がやるべきことは「マイナンバーに反対する」のではなく、デジタルの力を使ってどのように番号の濫用を監視し、統制していくかを考えることだ。

ネットショッピングで欲しいものが安く手に入るとしよう。そのようなサービスを利用する場合、氏名・住所・生年月日・電話番号・クレジットカード番号などの入力を求められる。そこであなたは迷うだろう。個人情報を提供しても大丈夫なのか、勝手に使われたりしないだろうか、サービスを提供する会社は信用できるのか、等々。

このネットショッピングの場においてはその利便性とプライバシー侵害の危険性が天秤にかけられている。利便性とプライバシーのどちらを選択するか。たぶん、あなたは実績のある名の知れた会社であるか、悪い評判がないかを調べたうえで、どちらかを選択するだろう。これはあくまでも民間のサービスの場合である。

民間と行政のサービスの違い

一方、行政のサービスを考えてみよう。政府はマイナンバーやマイナンバーカードの利便性を強調するが、それらを使ったプライバシー侵害が起きると懸念を持つかもしれない。しかし、待ってほしい。行政のサービスにおいて、プライバシーを含む人権の保護は憲法上の大前提だ。行政による人権侵害などは断じて認められない。なお、行政からの情報漏えいを懸念する向きもあろうが、個人情報はこれまでと同じ分散管理であり、そのリスクはマイナンバーの有無と関係ない。

つまり、利便性かプライバシーかという天秤は民間のサービスでは成り立つものの、行政のサービスでは成立しない。プライバシーは人権の一つであり、行政サービスにおいて人権が天秤にかけられることはない。政府は「便利になります」と利便性を強調するが、その説明には危うさを感じる。民間サービスと同様、利便性と人権が天秤にかけられていると感じるからだ。

それでは行政のサービスにおいて、「番号を使うな」あるいは「番号を使うべき」という相反する考え方においては、何と何が対立しているのだろうか。

街頭のカメラが映し出す、人権の2つの顔

皆さんは街頭に設置されたカメラを何と呼ぶだろうか。ある人は「監視カメラ」と言い、ある人は「防犯カメラ」と言う。呼び方は異なっても技術的にはまったく同じものだ。監視カメラと言う人は、私たちのプライバシーを侵害する危険なものだから撤去せよと気勢を上げる。一方、防犯カメラと言う人は、犯罪の抑止・捜査に役立ち、私たちの生活を守ってくれるから必要だと主張する。

プライバシーの権利は人権の一つであるが、日常の危険性を排除し安心して生活ができることも人権である。そうすると、この場合は利便性と人権が天秤にかけられているので

はなく、人権と人権が天秤にかけられているのだろうか。実は、天秤にかけられているのは2つの人権だ。

人権の考え方は、もともと「国家からの自由」を意味する自由権が中心であった。憲法は統治と人権の規定から成っている。統治規定があろうが、一たび権力を握った統治者は被統治者に対して専横的な振る舞いをしない保証はない。そこで被統治者の自由を守るため、人権規定がおかれている。

しかし、行き過ぎた自由主義は経済力による格差を生み出すこととなり、国民の経済生活への関与や病気等による社会的弱者に対する救済が国家に期待されるようになる。生存権など社会福祉的な権利も人権であるという考え方、「国家による自由」を意味する社会権が加わった。

このように考えると、2つの人権が対立する構図も矛盾はしない。自由権の立場を取ると「国は余計な干渉をするな」、「監視カメラは撤去せよ」という主張になり、社会権の立場を取ると「困ったときは国が助けてくれ」、「防犯カメラで生活の安全を守ってくれ」となる。

そして重要な点は、どちらが正しくどちらが間違っているとは言えないことだ。さらに重要なことは、「国は余計な干渉をするな。でも困ったときは国が助けてくれ。」という虫の良い話は無いということだ。自由権と社会権のどちらを選択するか、それは私たち自身が議論し、その決定に責任を持たなければならない。

2つの人権の選択における国民の責任とは

自由権を選択した場合は「権力者は情報を使うな」ということになり、情報を使わない場合の結果については、国民が責任を負わなくてはならない。監視カメラが撤去されれば、犯罪が起きないよう自らパトロールなどで安全を確保しなければならず、不幸にして犯罪が起きれば自分たちの責任となる。

一方、社会権を選択した場合は「権力者は情報を使え」ということになり、権力者が防犯カメラを使うことで未然に犯罪を防ぐ。しかし、注意すべきは権力が腐敗することの危険性だ。権力者が恣意的に情報を利用し、国民のプライバシーを侵害するかもしれない。つまり、権力者に無条件に情報を利用させることは「監視社会」を招くことになる。

これを防ぐには、国民が権力者を監視していなければならない。これが社会権を選択した場合の国民の責任だ。法制度を整備することによって政府を監視するだけでなく、現在ではデジタル技術を使って政府を監視することが可能だ。「番号を使わざるを得ない」時代ならばデジタルで政府を監視する、これがデジタル時代の国民の責任だ。

マイナンバー反対・賛成の不毛な議論は止めよう

現代社会における政治的意思決定については、内外問わず自由権と社会権のどちらを選択するかという議論が多い。ヘイトスピーチ、銃所持の規制、性犯罪者情報の公開などの議論も同じだ。番号の付番に関しては、個人による管理の自由を優先するのか、国による国民の財産・身体等の保護を優先するのかで、年金記録、病歴、預金口座、戸籍、不動産などが議論の焦点になる。

もう「マイナンバー推進か反対か」といった不毛な議論は止めようではないか。自由権と社会権のどちらを選択するかで議論すべきだ。失われた年金の納付記録問題において、自由権を選択した場合は「番号は使わない。その代わり納付記録の管理は自己責任」となる。一方、社会権を選択した場合は「番号を使わせる。その代わり国による恣意的な情報利用を監視する責任を負う」ことになる。

ただし、自由権を選択した場合、社会的弱者が不利になることに留意する必要がある。年金問題の場合も、公務員や大企業で終身雇用だった人の記録が失われることはまず無く、職を転々とした人が被害を被った。また、日本では何か問題が起きると行政責任が追及され、米国のような自由権が醸成されているとは言い難い。結果的に社会権を選択する方向に行かざるを得ないだろう。

国民がやるべきことは、政府をデジタルで監視

そうなると社会権を選択した責任として、国民自身が政府を監視する責任を負うことになり、特にデジタルの力を使って効率的に監視する仕組みが求められる。実は、マイナポータルはこのために構築された。「やりとり履歴」は行政機関間における個人情報の連携実績を、「わたしの情報」は連携される個人情報を国民に明らかにするものだ。

マイナポータルが監視の仕組みだなど今まで聞いたことが無いと主張するかもしれない。それはそうだ。国民に対して「私を監視してください」などと訴える行政機関は無い。

そのように説明すべきは、立法府（国会・国会議員）なのだ。

しかし、監視機能としてはまだまだ不十分だ。マイナポータルでは、自分の情報にアクセスした記録は確認できない。かつて社会保険庁の職員が有名人の情報を覗き見していたことが問題となったが、このようなアクセス記録についても確認できるようマイナポータルを拡充すべきだ。

さらに、これらの「わたしの情報」、「やりとり履歴」、アクセス記録については改ざんされないようブロックチェーンによる分散台帳技術を使って管理すべきだ。ここでは行政機関だけに任せず、個人情報保護委員会、衆議院や参議院といった立法府も参加して相互にけん制しながら台帳を管理する仕組みが求められる。

おわりに

最後まで読んでいただいた読者は、「呪い」の正体を薄々と感じたことだろう。この手の記事の場合、日本をデジタル後進国にした張本人は誰かという犯人捜しが期待される。容疑者として政治家、官僚、大手企業が浮上し、犯人が暴かれることで拍手喝采となる。

しかし、これまで見てきたように、犯人を特定する証拠が見当たらない。それで「呪い」という言葉を使ったが、強いて言うならその正体は国民自身だ。政治家も選挙に落ちればただの人。番号が嫌いだという国民に背けば命取りになる。官僚は政治家に背けば左遷になり、大企業は官僚に背けば仕事を失う。番号は必要だ、番号は秘密ではないと説明しても国民はなぜかを自ら考えようとせず、失われた年金問題のような災厄が起きると国のせいにする。

住民票コードは秘密だとされたために使い物にならず、災厄を招いてマイナンバーが作られた。そのマイナンバーが秘密だとされると、また使い物にならずに災厄を招く。そしてまた新たな番号が作られる。その無限ループのなかに日本のデジタル社会は閉じ込められている。

マイナンバーの呪い　番外編

番外編 1

マイナンバーと「政府は信用できない」の真意

マイナンバーが暴く日本の民主主義の危うさ

「政府は信用できない」という決まり文句

「今の政府とやらぁ、信用ならねぇよ」。床屋談義で耳にするなら、別に目くじらを立てることもなく、黙って笑いながら聞き流していればよい。然るべき立場にある人やそれ相応の教養ある人たちは、そのような乱暴な物言いをしないからだ。

しかし、マイナンバーやマイナンバーカードの話題となると、それ相応の立場で教養があると思える人でさえ「政府は信用できないから」と時々口にするのを聞く。

実際に、政府は信用できないからマイナンバーを使うべきではない、マイナンバーカードは持たないと言われたことが何度もある。真顔でこのようなことを言われると、こちらは戸惑い言葉を失ってしまう。この人は民主主義の仕組みを知らないのだろうか、はたまたこの人はいつの時代を生きているのだろうか、と。

いまだにこの世の中が明治以前や戦前と同じだと思っている人が多いのだろうか。なかにはいまだに「お上」という言葉を使う人さえいるので困ってしまう。明治以前は、政府とは徳川家のことだった。徳川軍事政権下では憲法も人権規定もなく、庶民は統治される側であり、統治に参加することは禁じられた。その意味で「政府は信用できない」と陰で呟くこともあっただろう。

戦前は大日本帝国憲法下にあり、天皇主権説や天皇機関説があったが、少なくとも国民に主権はなかった。国民は臣民（天皇の家来）としての位置づけであり、人権規定といっても自然権に基づくものではなかった。国民に主権はなかったのだから、「政府は信用できない」と思うこともあっただろう。つまり、明治以前も戦前も、政府とは「国民とは異なる第三者」だったのだ。

しかし、戦後の日本国憲法では国民が主権者であり、それが意味するところは政府イコール国民ということになる。人権規定も自然権に基づくものになった。もちろん、権力によって不当に国民が統治への参加を妨げられているなら話は別だ。選挙への立候補や投票行為に対する妨害などがあるなら、「政府は信用できない」という言説もうなずける。

果たして現在の日本はそのような状況だろうか。三権分立のなかでも国会は「国権の最高機関」とされており、国会議員は国民のなかから選挙によって選出される。誰もが自由に選挙に立候補でき、自由に投票できるとしたら、「政府は信用できない」という言説は「私は自分のことが信用できない」と言っていることと同じだろう。

もし「今の政府は信用できない」と思うなら選挙に立候補して、あるいは同じ思いを持つ者を募って政党を立ち上げ、「政府を信用に足るもの」に変えるべきだ。政府批判がいけないと言っているわけではない。政府を変えるという姿勢もなく、「政府は信用できない」という言説に満足して何も行動を起こさないのは無責任ではないかということだ。

このように考えていくと、言論の自由が保障され、誰もが選挙権および被選挙権を有し行動を起こせる環境において、「政府は信用できない」という言説がいかに自己矛盾かがわかるだろう。そして、政府は信用できないからマイナンバーカードを保有しないという主張も大きな矛盾を抱えている。マイナンバーカードが無いとマイナポータルにアクセスできないからだ。

マイナポータルの「やりとり履歴」は行政機関間における個人情報の連携実績を、「わたしの情報」は連携される個人情報を国民に明らかにするものだ。政府が信用できないなら、それこそマイナポータルにアクセスして政府の個人情報利用を監視すべきだろう。不審な利用記録を見つければ、それを証拠に政府による人権侵害を訴え、政府を正すことができる。

しかし、マイナポータルの利用率はとても低い。国民が自分の個人情報利用を確認し、政府の行動を監視するという本来の使い方をしてくれないからだ。そこで政府は、マイナポータルでオンライン申請ができます、便利だから使いましょうと一所懸命宣伝しなければならない羽目になっている。「政府は信用できない」と言う人の本心は一体どこにあるのだろうか。

これらに関連する議論として、「政府とは私自身だ」という考え方について相反する極論がある。一つは、その言い方は「自分自身だからこそ、国民は政府の命令に従うべきだ」という全体主義につながり、危険な考え方だという。もう一つはその逆で、政府が自分自身であることは当たり前であり、だからもっと政府を信用すべきであって政府を「監視」するなど言い過ぎだ、というものだ。

両者の考え方にはそれぞれ一理あると思うが、私の考え方はその中間に位置する。政府が他者で信用できないとすると、民主主義以外のどのような政体が望ましいのか。専制主義や無政府状態が望ましいと思う者はいないだろう。だとすると、民主主義を選択せざるを得なくなるが、無条件に信用することになれば、権力は内部から腐敗し、選挙制度や憲法を恣意的に改変して民主主義の原理・原則もないがしろにされてしまう。

少しでも気を抜けばバランスを崩し、民主主義がポピュリズムによって全体主義や専制主義に陥る可能性があることを前提に、その危険性を監視しながら信用するという態度こそ私たちが選択すべきものではないだろうか。民主主義の原理・原則を守りながらも、そこに絶対的価値を置くことは危険であり、信頼と監視でバランスを取る天秤のような状態が望ましいと思う。

最初に立ち返って、戦後普及した民主主義教育にもかかわらず「政府は信用できない」という言説に込められた思いとは一体何なのだろうか。論理的合理的な説明ができないことにもどかしさを感じるが、これも一種の呪いだろうか。真顔でこのような言説を繰り返す人たちが早く呪いから目覚め、自由な議論、本質的な議論ができる環境にしていかない限り、日本の民主主義もその行く末が危うい。

番外編 2

「わたなべ」の「なべ」に気が狂う、日本のデジタル化を阻む文字コード問題

自分の名前がデジタル化できない日本語の問題を認識しているか？

私が書いた「マイナンバーの呪い」の反響によって、多くの思いもよらない意見や主張が寄せられ、筆者としても非常に参考になった。中でも、「番号などなくても、氏名・住所・性別・生年月日で個人を特定できる」と信じている人がいることに驚いた。マイナンバー制度創設のきっかけとなった年金納付記録問題を知らないのだろうか。

考えてみれば、この問題が起きたのは15年も前のことだ。すでに記憶が薄れた人もいれば、年金などまだ関係なかった世代が増えていることが原因かもしれない。年金納付記録問題では、（氏名や住所が記載されていても）誰のものかわからない該当者不明の年金記録が５０００万件も存在したことで、国会でも大きな問題となった。

当時、マスコミは「社会保険庁の杜撰な事務が原因」だと断罪し、社会保険庁は現在の日本年金機構へと組織替えすることになった。しかし、適切な事務を行っていてもこの問題は確実に起き、起こるべくして起こった問題だったのだ。その真の原因が「日本人の名前が特定できない」ことだと理解している人は少ない。

氏名特定を阻む文字コード問題

政府が真の原因を明らかにしないのは、現在の政策・やり方が失敗であると認めない「無謬性の原則」が支配しているからだ。だから、「(日本人の氏名が特定できないので）起こるべくして起きた問題です」とは口が裂けても言えない。

このような曖昧な姿勢で国民に臨んでいるから、いまだに名前で本人を特定できるという誤解に基づいた番号不要論が出てくる。

なぜ日本人の氏名が特定できないのか、氏名をデジタル化するための文字コードが統一されていないからだ。「文字」の問題、これは日本のデジタル化を阻むもう一つの呪いと言ってよい。

このようなことを言うと、そんな馬鹿な話があるか、ＪＩＳ漢字コードがあるではないかと反論されそうだ。

それはその通り、私たち個人および民間企業が使うパソコンやスマートフォンでは、ＪＩＳ漢字コード（約１万１０００文字）で規定された範囲の文字を扱っており、日常生活やビジネスでほとんど支障がない。

ところが、行政の世界は違う。１万字程度の範囲では圧倒的に文字数が足りない。全国の住民基本台帳の氏名を整理した住基ネット統一文字は約１・９万字になった。そして、戸籍をシステム化するときに整理した戸籍統一文字は約５・５万字もある。

なぜＪＩＳ、住基ネット統一文字、戸籍統一文字と３種類の文字コードあるのかと言えば、所管官庁が経産省、総務省、法務省とばらばらだからだ。そして、なぜこのように数が多くなるのかと言えば、後者２つは誤字や俗字・癖（くせ）字まで「異体字」として別々にコード化しているからだ。

パソコンやスマートフォンでは、いくつかの「異体字」（本来は同じ文字であるが形が少し違うもの）も同じ文字（文字コード）として扱っているため、「形がちょっと違うがパソコンで入力・表示できない」ということがあっても、似た文字で我慢するしかない。

一方住基ネット統一文字や戸籍統一文字は「異体字」を極力別の文字として扱う（別の文字コードを与える）。

これで氏名の特定ができない理由がわかるだろう。異なる文字コード体系のデータを突合しても、同じ文字かどうかを判別できないのだ。

旧漢字などを含めれば6万字ではとても足りない

では、この合致しない漢字を使っている人はどのくらいいるのか。国会議員の名簿で「氏名のホームページ上の表記と正確な表記が異なる」議員を調べてみると約5％前後の割合だ。つまり20人に1人くらいの割合で合致しない。

もちろん、政府も文字を増やすことを望んでいたわけではない。1994年の戸籍法改正時、法務省が戸籍をコンピュータ化する際に、誤字・俗字をすべて職権で訂正するという方針を表明した。

ところが、国会議員から大きな反発を招くことになる。国会質問で「コンピュータに合わせて変更するのではなく、逆にコンピュータが合わせるべきであり、本末転倒ではないか」と詰め寄り、マスコミも「我が国の文化である氏名漢字を行政の都合で勝手に変えるとは何事か」と同調した。

結果、当時の法務大臣は「どうしても変更したくない人は、コンピュータに載せず原簿を残す」と答弁し、誤字や俗字・癖字であっても本人が変更を拒否すればそのまま使わざるを得なくなった。

文字コードを増やしても対応できない漢字は現在の原簿をそのまま戸籍として残すことになり、これが改製不適合戸籍と呼ばれ、今でも紙のまま管理されている。

その後、ＪＩＳ、住基ネット統一文字、戸籍統一文字の３種類の文字コードを統一すべく、３種類の文字コードの和集合として作られたのが文字情報基盤（約６万字）だ。現在、自治体では情報システムの標準化・共通化作業が進んでおり、自治体標準化の「文字要件」で文字情報基盤を標準として使うことを決めた。

しかし、文字情報基盤の文字に同定できない旧漢字などの「外字」を利用せざるを得ない場合は、「文字情報基盤の文字とは別の文字コードに対応させたものを利用する」とし、さらに「文字情報基盤の文字セット及び文字情報基盤の文字とは別の文字セットを合わせた文字セットについては、デジタル庁が法務省と協力して整備する」となっている。

つまり、文字情報基盤の文字約６万字よりもさらに文字数を増やすことになるらしい。

いつまでこんなことを続けるのだろうか？

「わたなべ」の「なべ」は何種類ある？

そして、現在普及しているパソコンやスマートフォンはＪＩＳ漢字コードを基にデータを処理する設計になっているため、文字情報基盤の文字を扱うためには根本的に作り替えないといけない。

さらに大きな問題は、文字情報基盤で扱う約６万もの漢字を人間が識別して使うことができるのかという問題だ。

例えば、「わたなべ」の「辺」は、「邉、邊、□、□、……」（□は表示できない文字）など数十種類もある。筆者がある実験を行ったところ、自治体職員でも約１／３の字を間違える結果となった。それぞれ点や棒の数、接点が異なるなど、これではまるで間違い探しゲームだ。

このように一般の国民は文字情報基盤を扱えないため、公的個人認証の電子証明書ではＪＩＳ漢字コード範囲外の文字をＪＩＳ漢字コード内の似た文字に置き換えて（これを「縮退」という）使っている。自治体標準化でも、戸籍と住民基本台帳は文字情報基盤を使い、その他の業務では縮退した文字を使う方向のようだ。

しかし、縮退した文字に同意できない国民は別の漢字を選択できるという。そうなると氏名の漢字を二重で管理せざるを得なくなり……と闇はますます深くなる。

この問題に関して、ある自治体の協力を得て現場ヒアリングをしたことがある。

課税を担当する部署では、字が少しでも異なると市民から怒鳴り込まれるので、字を間違えないよう拡大した外字（自治体が独自に作成した字）を別の紙ファイルで管理し、納付書の送付時には字を確認しながら送付している。

しかし、給付を担当する福祉など社会保障関係の部署では、文字に関するトラブルなどはまったくなく、多少字が異なっても市民から苦情がきたことはないという。

政府は「（国民のわがままにより）文字コードの統一ができません」と正直に公表したらどうだろうか。正直に説明しないから、いまだに「番号などなくても、氏名や住所で個人を特定できる」と信じ、マイナンバーなど不要だという人たちがいる。

大学の授業でこの文字の問題を取り上げたところ、ある学生からコメントをもらった。「私も入学時に証明書の名前の漢字が違うという問題で手続きに時間がかかり、とても困りました」という。これが日本のデジタル社会の現実なのだ。

政府は自治体にＤＸを推進しろと標準化を義務付けながら、文字コードの統一さえできていない。政府は「制度や組織の在り方等をデジタル化に合わせて変革」する社会全体のＤＸを推進するのではなかったのか。

30年近く前の国会答弁がまるで「呪い」のように文字コードの統一を阻んでいる。「行政手続きで扱う文字を制約する」このデジタルな発想ができず、アナログの文字をそのままデジタルの世界に持ち込もうとしている限り、文字の呪いは永遠に続く。

番外編 3

マイナンバーカードに電子証明書が必要なわけ

混乱する番号と電子証明書、そして４つのパスワード

ある会合で社会保険労務士さんから聞いた話である。たまたま自治体の窓口で、担当者が高齢者にマイナンバーカードを交付する場面に遭遇した。その時、職員が電子証明書は使いませんよねと言って、電子証明書を格納せずに渡していた。思わず、これじゃ健康保険証として使えないじゃない、と心の中で叫んだという。

この話を知り合いにしたところ、自治体では高齢者に「(住民票などの)コンビニ交付でマイナンバーカードを使いますか」と尋ね、使わないと答えた人には電子証明書を格納せずにマイナンバーカードを交付しているケースがあるという。

マイナンバーカードを使ったサービスにおいては、一部チップの空き領域を使ったサービスも実施されているが、ほとんどのケースではチップに格納された電子証明書を使っている。つまり、電子証明書をマイナンバーカードに格納しないということは、マイナンバーカードを使ったサービスが使えないことになってしまう。

マイナンバーと電子証明書の関係について、自治体職員も含めほとんどの人が理解していないだろう。個人を特定してサービスを提供するためには、氏名(1)ではなく番号が必須となる。普通の人は、マイナンバーカードを使うのだから当然マイナンバーという番号を使うものだろうと理解している。

しかし、マイナンバーの利用は強い法規制を受け、税・社会保障以外の様々なサービスには利用できない。とはいえ、政府としてはマイナンバーカードを普及させるため、様々なサービスに利用してほしい。そこで方便として思いついたのが、電子証明書に記載されているシリアル番号を使うという発想だ。

つまり、電子証明書を格納せずにマイナンバーカードを交付するということは、電子証明書に記載されているシリアル番号を利用したサービスを使えないということになる。シリアル番号は、健康保険証のほかコンビニ交付、マイナポータルへのアクセス、図書館利用カード、自治体マイナポイントなどで使われている。

混乱のもとは、番号と電子証明書の本来の使い方を歪めてしまったからだ。一般には、電子証明書は電子署名するため（秘密鍵に対応する自分の公開鍵を証明するため）に使うものだ。だから、電子署名を使わない人にとって電子証明書は不要だと思われてしまう。個人を特定したサービスのためには番号は必須である、だからマイナンバーを使うという本来の使い方に戻さない限り、誤解が広がって制度の機能不全を起こしかねない。

そして、高齢者がマイナンバーカードは面倒だと嫌がるのは、わけのわからない４つものパスワードを設定させられるからだ。自治体職員にとっても、高齢者に４つのパスワードの意味を理解してもらい、パスワードを入力して設定してもらうのは大仕事だ。高齢者対応は時間がかかって大変だと知っているので、このような作業を避けたがるのも無理はない。

なぜ4つもパスワードが必要なのかと言えば、左記の3つの領域（アプリケーション）に格納されている①から④のデータにそれぞれアクセスするためだ。パスワードは①が6～16桁の英数字であるのに対し、②から④は4桁の数字（同じ数字でも構わない）だ。①は実印としての機能を持つことから、強化された長いパスワードになっている。

◆公的個人認証サービスによる電子証明書アプリケーション（JPKI－AP）
① 署名用電子証明書
② 利用者証明用電子証明書

◆券面事項入力補助アプリケーション（券面入力補助AP）
③ 個人番号や基本4情報のテキストデータ

◆住基アプリケーション（住基AP）

④ 住民票コードのテキストデータ

署名用電子証明書（①）は、電子署名（秘密鍵による暗号化）をするために使われ、基本4情報（②）が記載されている。例えば、電子署名をして確定申告書を送信した場合、本人が作成したものであること、途中で改ざんされていないことを証明するとともに、否認を防ぐこともできる。

利用者証明用電子証明書（②）は、機能的には①と同じだが証明書に基本4情報（②）が記載されていない。つまり、②単体では誰のものか不明であり、通常①とセットで使われることになる。

ただし、発行者は誰のものか知っているため、証明書内のシリアル番号を使えばこの電子証明書が誰のものであるかを特定できる。だから利用者証明用電子証明書を使ってマイナポータルにログインすることが可能となる。ここでのオンライン本人確認（③）は、電子証明書による身元確認とパスワード入力による当人認証で確立されるからだ。

個人番号や基本4情報のテキストデータ（③）は入力補助、つまりデータを自動入力するために使われる。

住民票コードのテキストデータ（④）は、住基ネット関係事務の際に住民票コードをテキストデータとして利用するときに使われる。

しかし、ここでなぜ4つものパスワードが必要なのかという疑問が出てくる。券面に記載されている個人番号や基本4情報のテキストデータを使うために、なぜパスワードが必要になるのか。おそらく、他人のマイナンバーカードにICカードリーダを近づけ、こっそりとマイナンバーと基本4情報を盗み取る輩がいることを想定したのではないだろうか。仮にそうならば生年月日でもよいはずで、わざわざパスワードを設定する必要はない。

また、住民票コードのテキストデータ（④）を使うと言っているが、このデータ自体が不要である。住基カードでこの領域が設定されたが、20年間カードを保有している筆者もこれまで使ったことが無く、これからも使う見込みはない。使えるのは行政機関だけであり、住民票コードが必要ならば住民基本台帳を見ればよいだけだ。何も考えず住基カードをそのまま引き継いだために残っている領域であり、パスワードはおろかこの領域自体も不要で廃止すべきである。

結論として、国民を惑わす4つものパスワードは必要ない。署名用電子証明書（①）と利用者証明用電子証明書（②）にアクセスする2つのパスワードがあれば十分だということだ。もっと言えば、署名用電子証明書の1つだけで十分なのだが、個人情報が記載されている証明書がネット空間を飛び交う（④）のを不安に思う人もいるらしいので2つとしておく。

マイナンバーなど社会のデジタル化の基盤がデジタル庁に統合され、マイナンバー制度も抜本的に見直す時期に来ている。住基ネット（住民票コード）や住基カードのしがらみを断ち切り、根本から見直しをすべきだろう。完璧さにこだわり、政治的な配慮から仕組みを複雑にすると、国民の誤解や勘違いを招き、想定外の運用で制度が機能不全に陥ってしまうことが懸念される。シンプルがベスト、これが設計の基本だ。

（1）同姓同名の問題だけでなく、氏名漢字のコード化が不完全であることが理由。（番外編2）
（2）氏名、住所、性別、生年月日を基本4情報という。
（3）マイナンバー制度における本人確認（身元確認と番号確認）とは別のもの。
（4）もちろん通信は通常暗号化されているので心配はない。

番外編 4

自治体現場が直面する最大の課題、あと3年(2025年度末)に迫る情報システムの標準化

Chat-GPTでも教えてくれない、標準化に隠された政府のシナリオとは

マイナンバーカード普及のためマイナポイント2万円分を付与する大盤振る舞い、そして健康保険証としての利用登録を推進、かと思えば24年秋に紙の保険証を廃止するとの発表で世間はざわついた。23年3月末に全国民がマイナンバーカードを保有することが目標だとはいえ、その手法の強引さはこれまでの政府の姿勢と比べると違和感がある。

マイナンバーカード交付やマイナポイントの利用登録など、期限が迫るにつれ自治体の現場ではかなり混乱をきたしたことだろう。しかし、今自治体ではカードの普及以上に大変な作業を抱えている。国民に直接関わるものではないためあまり報道されないが、それは全国自治体の基幹業務システムを標準化するという自治体情報システムの標準化作業だ。

その主な目的を政府の基本方針から抽出すると、コストの削減（18年度比で3割削減）、ベンダーロックインの排除、国民への迅速なサービス提供の3つである。そして標準化作業の概要は、25年度を目標として17の基幹業務（1）を標準システムに置き換え、さらにガバメントクラウドへの移行を要請するというものだ。しかも、これらの標準化はデジタル庁創設を含むデジタル改革関連6法の一つ（2）として法律で義務付けられた。

コロナ対策の特別定額給付金オンライン申請では様々なトラブルが報道され、自治体ごとに実施方法がばらばらだったことも問題視された。これで政府がデジタル化の遅れに大きな危機感を持ったことは確かだが、多くの関係者は政府の態度に若干違和感を持った。標準化という方向性は正しいが、なぜ無謀な計画と思えるほど急ぐのか。全国の自治体は1700以上あり、システム移行の難しさを知っていれば、すべてを5年間で移行する計画はあまりに無謀だ。

また、基幹業務を対象としながら、なぜ戸籍、戸籍附票、印鑑登録が当初対象から外れていたのか。さらに、法律で義務化するという強硬な手段を取る必要が本当にあったのか。地方のデータセンターからはガバメントクラウドへの移行でビジネスが成り立たなくなるという悲鳴が上がっているが、政府の対応はけんもほろろだという。余すところ3年という期限になっても、政府から妥当な見直し案も出てこない。政府の強引さと頑なさには、これまでとは異なる違和感がどうしてもつきまとう。

自治体情報システムの標準化というテーマは突如出現したものではなく、もともとは自治体戦略2040構想研究会の第二次報告（18年7月）で提言されたものだ。今後の自治体の方向性として、デジタル化の領域では標準化とAI／RPA活用の2つが示され、これを受けたスマート自治体研究会がこの標準化の内容を掘り下げることになった。

具体的には、住民記録と税・福祉を対象に標準仕様書を作成すること、ベンダーは標準機能をパッケージに搭載すること、そして遅くとも2020年代にアプリケーションを提供することが決定され、19年から総務省と厚労省で標準仕様書作成の検討が始まった。このように自治体の標準化作業は極めて妥当な内容とスケジュールで粛々と進んでいたのだ。

それが政府のデジタル改革政策によって局面が一気に変わった。総務省も驚いたに違いない。全国自治体に標準化計画を導入させるべく、慌てて策定したのが自治体DX推進計画だ。この計画は、デジタル改革関連6法の根拠となる「デジタル社会の実現に向けた改革の基本方針」の閣議決定と同時に発表された。

自治体システムの関係者はこのような計画は無理だと思ったことだろう。しかし、多くの関係者は、計画が進行するうち政府も軌道修正するだろうと楽観していた。実際に、指定都市市長会が移行期間の設置を要望したり、情報サービス産業協会（JISA）がスケジュールの柔軟な対応を提言するといった動きも出ていた。しかし、余すところ3年となっても軌道修正の気配はない。

現場の自治体からは様々な課題の提起がなされている。作業期間があまりに短く、期限に間に合わない。現状では補助金が足りない。標準化投資ができずに撤退するベンダーが出てきており、移行できるか不透明な状況である。ベンダーのシステム提供時期が未定でまだ先が見通せない。デジタル庁と法務省が整備するＭＪ＋⑶が未整備である。ガバメントクラウドへの移行でコストが増える、などなどである。

これらの声は、標準化作業に真剣に向き合っている自治体から上がっているものだ。自治体によってはベンダーまかせにならざるを得ないところもあり、課題さえ見えていない。しかし、このような状況になっても、いまだに落としどころとしての現実的な解やスケジュールが提示されていない。チキンレースのようにぎりぎりまで追い詰める腹積もりなのだろうか。そして、そこまでして強引な手法を取る理由とは何なのだろうか。

我が国の現状を鑑みるに、厚労省の資料では社会保障給付費が22年度（予算ベース）で１３０兆円を超える規模になっている。ＧＤＰ比では23・２％であり、90年度の10・５％と比較すると、30年間で2倍以上の膨張だ。そして、すでに団塊の世代（１９４７〜４９年生まれ）が後期高齢者に突入しており、医療費がさらに拡大することは想像に難くない。

無論、国家財政に余裕があるなら懸念することもないが、財務省の資料によれば国の債務残高はＧＤＰの２５９・０％となっている。Ｇ７のなかでもイタリア（１５５・３％）を抜いて断トツの数字であるだけでなく、全世界１７６カ国のなかでも最大だ。これをもって我が国は破綻するなどと煽るつもりはないが、諸外国からの信用を失うことのないよう、政府がこの状況を常にコントロール可能だという環境整備が必須だ。

さて、ここからは筆者の憶測である。増大する債務残高と社会保障給付費の問題をコントロールするためには、税制と社会保障制度の抜本的改革が必須となる。しかし、制度改革には情報システムの再構築および改修が必ず伴う。特別定額給付金や低所得者への給付で明らかなように、我が国では税・社会保障の制度運用の多くを国ではなく自治体に依存している。

つまり、大規模な制度改革を実施する際には、迅速にかつ一気に1700以上の自治体の情報システムを変更しなければならない。そのためには今から情報システムを標準化しておくことが政府にとって喫緊の課題となる。そのようなシナリオで考えると、これまでの疑問もすっきりと氷解する。法律による強制、5年間という短期間、戸籍・印鑑などの業務は無関心、ガバメントクラウド移行の実質義務化に加え、政府の強硬で頑なな姿勢も合点がいく。

デジタル改革関連6法のうち、施策の裏付けとなる法律は標準化を除くとほとんどがマイナンバー関連の法律だ。マイナンバーは税・社会保障の制度設計の基点であることを考えれば、マイナンバーカード普及に力が入るのも無理はない。自治体標準化の目途が立ったら、本格的に税・社会保障制度改革の議論が始まるというのが筆者のシナリオだ。

筆者周囲の政府関係者からは、そのような戦略的なシナリオを描いている政治家や官僚など一人もいないと言われている。真偽のほどはわからないが、もしシナリオがあるなら堂々と表に出すべきだろう。また、もしシナリオが無いなら、自治体標準化は単なるコスト削減ではなく、税・社会保障改革の基盤整備だと明言すべきだろう。そうすれば自治体も政府へのもやもや感を持ちながら作業を進めることなく、納得して前向きに作業に突き進み、政府への協力を惜しまないことだろう。

（1）現在では戸籍、戸籍附票、印鑑登録が追加され20業務となっている。
（2）地方公共団体情報システムの標準化に関する法律
（3）文字情報基盤（ＭＪ）を拡張した文字セット

番外編 5

マイナンバー紐付けミス狂騒曲、初期トラブルか基本方針の歪みか

マイナンバー制度を基本方針から見直し、再構築を検討する時期に

今年（2023年）の3月以降、マイナンバーカードと紐付けの問題が大きくクローズアップされている。三人の大臣が陳謝するなど混乱を招き、一向に収まる気配が無い。これらは複数の原因が絡んでおり、初期トラブルとして許容すべきものと、当初の方針から逸脱していると思われるものまである。筆者は以前の拙稿（1）でマイナンバーカードの紐付け問題を取り上げたこともあり、今回の問題を解きほぐすとともにマイナンバー制度の今後についても展望したい。

今回の主な問題は下記の3点であり、原因はそれぞれ異なる。しかし、すべてを紐付けミスとして取り上げられることも多く、一部で誤解を招いているケースもあるようだ。

①住民票の誤交付：マイナンバーカードを使ってコンビニで住民票を取得しようとしたところ、他人の住民票が交付された。

②公金受取口座の誤登録：マイナンバーカードを使ってマイナンバーと公金受取口座を紐付けたら、他人名義の口座が登録されていた。

③保険証情報の誤登録：マイナンバーカードで保険証の情報を見たら、他人の保険証情報が紐付けられていた。

結論から言うと、今回の3つの問題と以前の筆者の指摘とは関係が無い。しかし、この問題をきっかけに筆者の懸念を裏付ける資料があることが判明し、それはそれでまた大きな問題であることを後半で指摘したい。

①住民票の誤交付

これは紐付けミスによる問題ではない。紐付けの問題であれば、どのような状態でも常に誤交付が起きるからだ。起きたのはちょうど引っ越しなどが集中する時期であり、住民票交付の処理が過負荷状態になるタイミングで起きた。

これは明らかにプログラムのミスであり、システムあるいはプログラム設計に起因しており、システム開発に関わったベンダーに弁解の余地はない。当初横浜市で発生した原因は突き止められたものの、また別の原因で足立区でも発生したことが判明し、あらためて「行政機関で個人情報を扱う」ことの重大さを認識すべきだろう。

②公金受取口座の誤登録

これは紐付けミスの問題である。ただし、行政側のミスというより登録作業を行った利用者側のミスである。役所の支援窓口に設置されている端末で、利用者が登録処理のログアウトを忘れたため、後続の利用者が口座情報を上書きしたことに起因する。しかし、利用者のミスと片づけられるだろうか。支援窓口に来るくらいであるから、マイナポータルなどの操作に不慣れであることは明白である。確実に処理終了後にログアウトさせる、ログアウトするまでは画面上にログイン中として本人の氏名を表示するなどの配慮が必要だろう。（後述するが、マイナポータルはログイン中でも本人の氏名が表示されない設計になっている）

③他人の保険証情報が紐づけられている

これは紐付けミスの問題である。ミスを起こしたのは医療保険者である。健康保険組合などがマイナンバーカードと健康保険証を紐付ける時に誤入力が起きたらしい。このようなケースが全国で約７３００件見つかったと報じられた。しかし、本人からの申告で、しかもチェックデジットの付いたマイナンバーの入力でそれほどのミスが起きるのだろうか。

３年前の厚労省の資料を見て驚いた。「保険者が個人番号を把握していない者について、住基ネットへの照会により個人番号を取得することを基本とする」と記載されている。マイナンバーを取得する際には、厳格な本人確認（身元確認と番号確認）が必須という原則はどこに行ったのか。

氏名(2)や生年月日で本人を特定することの危険性は、自治体職員であれば誰でも知っている。マイナンバー制度開始前には、年間何件もの同姓同名による他人口座の差し押さえなどが起きていた。だから本人特定のための「マイナンバー」が必要になったのだが、厚労省には伝わっていなかったのだろうか。

マイナンバーは住民基本台帳をもとに付番されており、少なくとも基本4情報（氏名、住所、性別、生年月日）が合致していることを確認しなければ、マイナンバーの取得においてミスが起きることは明らかである。

今回の誤登録に関して、デジタル庁ではマイナポータルで情報を確認するよう呼び掛けている。公金受取口座では氏名を含む口座情報が、健康保険証情報では氏名を含む保険証情報が表示されるため、本当に自分の情報であるかを確認できる。

しかし、ここで疑問が沸く。マイナポータルで氏名が表示されるということは、情報提供ネットワークシステムで個人情報が流れているということであり、これは情報提供ネットワークシステムでは個人情報を流さないという当初の基本方針に反するのではないか。公金受取口座や保険証情報を追加するという作業の中で、いつの間にか当初の方針がないがしろにされてしまったようだ。

ちなみに、マイナポータルで地方税情報などを確認してみると良い。総所得金額、給与所得額、給与収入額などは表示されるが、氏名などの個人情報は表示されない。よほど金額に相違が無ければ、他人の情報が連携されていても気づかないだろう。

また、マイナポータルにログインしてもログイン中の利用者の氏名が表示されないのもこの理由による。だから、ログアウトし忘れた他人のアカウントで自分の情報を上書きしてしまうことが起きる。

表面化していない紐付けミスの問題

これらの紐付け問題に関連して、日経新聞の記事（2023年5月24日）によればこのような事象とは異なる別の紐付けミスの問題が指摘されている。「地方公共団体情報システム機構」（J―LIS）が今年2月17日付で自治体に発行した文書に「他人の情報が連携（ひもづけ）されるケースが頻発している」という事実が記載されているという。

自治体に確認してみると、内部番号の取り違え、マイナンバーと内部番号の紐付けミス、マイナンバーと住民票コードの紐付けミスなどで年間約1万件の情報連携ミスが起きているようだ。問題は先の拙稿でも指摘したように、情報照会しても基本4情報が連携されないため、他人の情報が連携されても気づかないという点だ。

それを考えると、1万件という数字は氷山の一角かもしれない。所得があるはずなのに「所得ゼロ」という照会結果であればおかしいと気づくが、同じような情報が連携された場合にはそのまま事務処理を進めてしまうだろう。自治体職員からも「正しく事務処理をしましょうという精神論だけではミスを防げない。紐付けミスに気付くには氏名など個人情報の連携が必要だ」という声がある。

個人情報を分散管理して情報連携で利用するならば、他の行政機関が保有している個人情報をそのまま鵜呑みにしてはいけない。行政において個人情報を扱う場合には、基本4情報やマイナンバーも連携して確実に本人のものであることを確認しながら情報を利用すべきなのである。

なぜ、個人情報を連携する設計になっていないのか。住基ネット訴訟における合憲判決の理由の一つが大きく影響している。合憲の理由である「行政事務で扱う個人情報を一元管理できる主体が存在しないこと」が、「情報提供ネットワークシステムにおいて個人情報が連携されると、このネットワークシステムを管理している総務省が個人情報を一元的に管理しているとみなされる」と解釈されてしまったからである。

しかし、マイナンバー制度が開始されてから7年が経ち、利用方法が拡張され管理体制などが変化するとともに、当初の原則も崩れているようだ。公金受取口座や保険証情報は最近追加された情報だが、これらにおいては氏名や口座番号、被保険者番号、生年月日などの個人情報が連携されている。また、情報連携で本人を特定するために使われる機関別符号は、個人情報保護法が改正されて個人情報という位置づけになった。さらに、情報提供ネットワークシステムは総務省とデジタル庁の共同管理となっている。

つまり、マイナンバー制度の当初の原則や方針などが大きく揺らぎ始めている。基本的な設計方針の見直しに時間がかかることを考えれば、そろそろ再構築のための検討を開始すべきではないだろうか。今回の問題に関して、我が国のデジタル化や個人情報保護を統括するデジタル監や個人情報保護委員会からは何の意見表明もないことも気にかかる。今後、医療記録などに拡張していくことに危機感は無いのだろうか。

少しややこしい話になるが、医療保険の現金給付（保険料徴収や給付）はマイナンバーを利用できることになっているが、医療保険の現物給付（診療行為）についてはまだ番号利用や連携についてはっきり決まっていない。今後医療記録が連携されていく場合、少なくとも自分の医療記録に他人の情報が紐付けられている、自分の医療記録が紐付けされていない、という事態だけは避けてほしいと願っている。

（1）マイナンバーカードの電子証明書のシリアル番号をＩＤとして使うことの問題点を指摘（第3章）

（2）医療保険者は民間であるため住基ネットとは文字コード体系が異なり、氏名は一致しない。

番外編 6

マイナンバーの紐付け騒動は狂騒曲から場外乱闘へ

混乱を招いた身元確認と当人認証の一体化

「最先端」にこだわり過ぎる

マイナンバーの紐付けミス問題については早急に対応すべきだが、カードの返納枚数をいちいち報じるメディアの過熱ぶりは見ていて呆れるばかりだ。この1年間でマイナンバーカードの交付枚数は約３５００万枚も急増した。そのほとんどはポイント目当ての駆け込み組だ。ポイントさえもらえればカードは用済みという人がいても不思議ではない。報道する価値があるのだろうか。

マイナンバーカードと紐付けの問題について拙稿を投稿したのは6月の初めだ。どのような制度でも初期トラブルは発生するもので、そのうち収まるだろうと楽観していた。しかし、いまだに収まらないどころか、専門家とは思えないような人物までがメディアに参戦している。「マイナンバーは信頼できない」など、保険証廃止問題から政権批判にまで騒ぎは広がっている。こうなると、紐付けミス狂騒曲どころかまるで場外乱闘の様相だ。

筆者としては、このような場外乱闘に加わる気はない。しばらく静観するつもりだが、新聞・雑誌やテレビの取材には応じている。マイナンバーに関して何が問題なのか、何が正しいのかを知りたいという記者に対しては、本当のことを伝えて報じてもらう必要があるからだ。その対応のなかで「我が国はどこで何を間違えたのか」を考えるヒントに気付いた。自省も含めて、「我が国は最先端システムにこだわり過ぎたため、誤解や混乱を招いたのではないか」と。

誰も知らない「公的個人認証」

マイナンバーに関する取材を申し込んでくる記者であれば、一応はそれなりの勉強をしてくる。一般国民よりはマイナンバーに関する知識を持っていると考えて良い。しかし、身元確認と当人認証については知っていても、公的個人認証（ＪＰＫＩ）(1)の話になると、突然「？」という表情になる。まして、ＰＫＩ（公開鍵暗号方式によるセキュリティ基盤：Public Key Infrastructure）となるともうお手上げ状態だ。

ＰＫＩとはインターネットにおけるセキュリティを担保する基盤技術であり、この技術無くしてインターネット社会は成り立たない。通信の暗号化だけでなく、改ざんの検知、なりすましや否認の防止も可能となる。インターネットを使っているならば、誰でも意識せずに使っている。しかし、記者でさえこのレベルということは、一般国民はまったく知らないだろう。ＩＴエンジニアなら知っているとしても、日本国民の約１％でしかない。

そうなると、一般国民は署名用電子証明書、利用者証明用電子証明書と言われても何のことか理解できない。パスワードがそれぞれ必要ですと言われても意味不明。マイナンバーとマイナンバーカードは違いますと政府が力説しても、「マイナンバーカードを利用したサービスはマイナンバーを使っていないから安全なんだ」としか受け取らないだろう。

身元確認と当人認証

公的個人認証の前に、本人確認の話をしておきたい。リアルな空間（現実の場）では、本人確認とは身元確認（実在する人物であることを証明）のことを指し、顔写真付きの身分証明書などで確認する。

一方、デジタル空間では身元確認と当人認証の２つが揃って本人確認が成立する。実在する人物であることを確認するほかに、デジタル空間で操作をしている者がその人物と同一人物であることを確認（当人認証）する必要があるからだ。

当人認証の一番簡単な方法はＩＤとパスワードを付与して認証する方式で、かなり広く使われている。しかし、パスワードの漏れ・盗難などでなりすましが起きやすく、高いセキュリティを確保するためには認証要素の組み合わせが必要だ。パスワードなどの「知識」、カードや携帯電話などの「所持」、指紋や顔などの「生体」の3つの認証要素を組み合わせる。

マイナンバーカードで考えてみよう。リアル空間ではマイナンバーカードを提示し、表面で身元確認が、裏面で番号確認ができる。では、デジタル空間ではどのように本人確認するのか、マイナポータルにログインする場面で考えてみよう。

マイナンバーカードの交付時、表面で身元確認が行われ、電子証明書が格納される時に自分でパスワードの設定を行う。つまり、ここで当人認証の設定が完了する。そしてマイナポータルにログインする際、マイナンバーカードによる「所持」とパスワードによる「知識」の2要素で当人認証するという仕組みになる。

この場合は、マイナンバーカードの交付（電子証明書の発行）もマイナポータルの運用も政府が行っているため、電子証明書でログインした人物が誰かを把握できる。

では、民間のサービスではどうなるのか。オンラインでの身元確認方法として、身分証明書のコピーや画像を送ってもらう、またはマイナンバーカードの署名用電子証明書を使って署名検証者経由で身元確認をすることもできる。

それを根拠にＩＤとパスワードを付与してもよいし、署名用電子証明書と対になっている利用者証明用電子証明書のシリアル番号を入手して、マイナポータルと同じ方法でログインしてもらうこともできる。

このように、署名用電子証明書（および秘密鍵と公開鍵）と利用者証明用電子証明書（および秘密鍵と公開鍵）を使ってデジタル空間で本人確認（身元確認と当人認証）するための仕組みが公的個人認証サービスということになる。

このようにマイナンバーカードは、リアル空間でもデジタル空間でも本人確認（2）ができる最先端のカードなのだ。しかし、一般国民にとっては理解が難しく、高機能なカードであることがかえってあだになった可能性がある。

諸外国と日本では何が違うのか

諸外国でも国民にカードを発行しており、日本のマイナンバーカードと同じだろうと誰もが思っている。しかし、カードはカードでも、導入の経緯は日本のマイナンバーカードと大きく異なる。

多くの諸外国では１９４０年代から60年代にかけて番号制度が導入されている。各国では氏名・生年月日や番号が記載された身分証明書（カード）を発行し、多くの国が携帯を義務付けし、これがリアル空間における本人確認（身元確認）書類として機能した。

行政手続きにおいては個人識別としての番号が使われ、同姓同名・同生年月日でも他人と間違えることなく、確実な本人確認が可能となり番号制度が根付いていった。もちろんこの時代にＩＣチップが組み込まれたＩＣカードなどは存在しない。

しかし、90年代後半以降のＩＴ革命で一般国民がパソコンやインターネットを使い始めると、オンラインで行政の手続きをしたい、行政が保有する自分の情報を確認したいというニーズが出てくる。つまり、この時点で当人認証の機能が必要となった。

そこで使われた手段がＩＤとパスワード、ＩＣカード、モバイルアプリなどだが、ＩＣカードを使っている国はそれほど多くない。欧州各国（3）ではＩＣカードを国民に使わせるのはハードルが高いと認識しており、韓国ではＩＣカード化に対して国民から反対された。つまり番号制度による身元確認と当人認証の問題は別だと明確に認識されていた。

一方、日本の場合は番号制度が遅れた。マイナンバー制度もその前身である住基ネットも２０００年以降だ。２００１年のe-Japan戦略では「日本は5年後に世界最先端のＩＴ

国家になる」と豪語し、遅れた番号制度を逆手にとって番号制度に基づく身元確認と当人認証を一気に普及させようとした。

マイナンバーカードを無料で国民に交付し、1枚のカードでリアル空間での身元確認ができるだけでなく、公的個人認証サービスをＩＣチップに組み込んでデジタル空間での身元確認や当人認証も可能にした。これだけのデジタルツールを国民に配布するという事例は世界的に見ても無く、画期的なことだったと評価できる。

しかし、遅れを一気に取り戻そうとした政府の戦略は、国民にとってあまりにもハードルが高過ぎたのかもしれない。公的個人認証について理解していないだけでなく、パスワードがなぜ4つも必要なのか不信感を持っている。ましてや、マイナンバーは使っていません、見えない番号を使っています、符号を使っていますと説明されても、騙されている気分になるだけだ。

このような身元確認と当人認証が混在したわかりにくさが火種となり、紐付けミスによる問題がいまだにくすぶり続け、保険証廃止反対などの騒ぎになっているのではないだろうか。

今後の課題は、身元確認と当人認証の分離、そして呪いからの解放

今回のトラブルを受け、次期マイナンバーカードをどうするかという議論も今後行われていくだろう。番号が問題なら番号を記載しないカードを交付すれば良いという暴論も出ているようだ。それこそ住基カードの二の舞になる。番号制度におけるリアル空間での身元確認としてのカードを放棄しようというのだから。

今後再設計するとしたら、身元確認と当人認証をはっきりと区別したシンプルな設計にすべきだ。子どもやデジタル機器を扱えないお年寄りなどは当人認証など不要、身元確認としてのカードで十分だ。つまり、リアル空間での身元確認ができる番号制度の基盤となるカードは全国民に必須だが、デジタル空間での身元確認や当人認証についてはそれを必要とする国民だけが、ＩＣカードにこだわらず公的個人認証サービスを使えるようにすれば良い（4）。

介護施設などの現場でも、実印相当の機能を持つ当人認証のカードやパスワードを預かることに躊躇するだろうが、身元確認だけのカードなら問題ない。健康保険証の確認も電

子証明書など使う必要もなく、身元確認カードに記載されたマイナンバーだけを使えば良い。マイナンバーを自動入力したければ裏面のＱＲコード（マイナンバー）を読み取ればよく、読取り機器の不具合など関係ない。

法的な問題があると指摘されるが、番号制度検討時に取り決めたように、医療保険（現物給付）でマイナンバーを使えるようマイナンバーの特別法を制定すればよいだけだ。停電や通信障害が起きても、とりあえずマイナンバーを確認すればよい。できることなら番号のなかに生年月日などを組み込んで覚えられるようにしたい。災害などでカードを無くしても、緊急時にはマイナンバーの申告だけで医療や医薬品の配布を受けることができる。

「番号は秘密にしないと危険だ」という迷信に惑わされ、番号が必要であるにもかかわらず番号を直接使わない設計や運用になっている。それゆえ国民にとって複雑でわかりにくい仕組みとなり、ちょっとしたミスでも不信感を招いて大騒動に発展してしまう。「この個人情報は私のマイナンバーが付いているから私のものだ」、「この個人情報は私と同姓同名だが、マイナンバーが違うから別人だ」と堂々と言えるシンプルな仕組みに再構築すべきだろう。

（1）公的個人認証サービス（JPKI：Japanese Public Key Infrastructure）
（2）残念ながら、（署名用電子証明書にマイナンバーが記載されていないため）デジタル空間で番号確認はできない。
（3）ＥＵではeIDAS規則に基づいてeIDカードを整備する方向だが、ＩＣカードに限らず、モバイルを媒体とする国もある。
（4）なお、マイナンバーカードの申請書には、署名用電子証明書および利用者証明用電子証明書が不要の場合にはそれぞれチェックを入れる欄がある。しかし、チェックを入れる意味が不明であり、国民も理解していない。もし利用者証明用電子証明書にチェックをいれた場合には、マイナポータルへのログインやコンビニ交付ができなくなるだけでなく、健康保険証のオンライン資格確認もできなくなってしまう。

◎著者紹介
榎並 利博（えなみ・としひろ）
■経歴
1981 年 東京大学文学部考古学科卒業、同年富士通株式会社に入社。
自治体の現場で、住民基本台帳をはじめあらゆるシステム開発に携わる。
1996 年に富士通総研へ出向し、政府・自治体分野のコンサルティング活動に従事。
2010 年に富士通総研・経済研究所に異動し、電子政府・電子自治体、マイナンバー、地域活性化をテーマに研究活動を行う。
2022 年 4 月より行政システム株式会社　行政システム総研　顧問、蓼科情報株式会社管理部主任研究員。
2023 年 9 月より一般社団法人自治体経営協議会代表理事。この間、法政大学・中央大学・新潟大学の各非常勤講師、早稲田大学公共政策研究所の客員研究員、社会情報大学院大学の教授を兼務。
「デジタル手続法で変わる企業実務」（日本法令)、「地域イノベーション成功の本質」（第一法規)、「共通番号 - 国民 ID- のすべて」（東洋経済新報社）など、マイナンバー、電子政府・電子自治体、地域活性化に関する著書・論文や講演等多数。

■現職
行政システム株式会社　行政システム総研顧問
一般社団法人自治体経営協議会代表理事
蓼科情報株式会社　管理部主任研究員

マイナンバーの呪い

著　者　榎並 利博
発行日　2024 年 7 月 25 日
発行者　高橋 範夫
発行所　青山ライフ出版株式会社
〒 103-0014　東京都中央区日本橋蛎殻町 1-35-2
グレインズビル 5F-52 号
TEL　03-6845-7133　FAX　03-6845-8087
発売元　株式会社星雲社（共同出版社・流通責任出版社）
〒 112-0005　東京都文京区水道 1-3-30
TEL　03-3868-3275　FAX　03-3868-6588
印刷 / 製本　中央精版印刷株式会社

ISBN978-4-434-34129-8